LES FINANCES

DU SECOND EMPIRE

PAR

AMÉDÉE EDMOND-BLANC

EXTRAIT DE LA REVUE BRITANNIQUE

Livraison de juillet 1880.

PARIS

BUREAUX DE LA REVUE BRITANNIQUE

BOULEVARD HAUSSMANN, 50

1880

LES FINANCES DU SECOND EMPIRE

Sous ce titre : *les Finances françaises*, M. le comte de Casabianca, qui fut ministre d'Etat, et qui occupa pendant huit ans les fonctions de procureur général près la Cour des comptes, vient de publier une étude remplie de faits et de chiffres sur notre organisation financière. Il la suit depuis ses origines ; il examine le mécanisme de nos budgets, s'arrêtant principalement sur la période de 1852 à 1870, dont il nous présente un résumé des plus clairs et des plus exacts ; enfin il complète ce volume, en réimprimant les discours si remarqués qu'il a prononcés autrefois devant la Cour des comptes, mettant en parallèle notre système financier avec celui de l'Angleterre et de la Prusse.

Ce livre avait été écrit, nous apprend l'auteur, pour initier le prince impérial à l'étude des finances. C'est dire qu'on n'y trouvera ni vivacités, ni passion, ni polémique. M. le comte de Casabianca sait comment on parle aux princes, lorsqu'on a pour eux autant de respect que de dévouement : on leur doit le sobre langage de la vérité.

C'est une étude intéressante que celle des finances du second empire, quand on est décidé à s'y livrer froidement, sérieusement, qu'on nous passe le mot, scientifiquement, en se dégageant de tout parti pris, en n'y voyant qu'une page d'histoire, qu'il convient de traiter avec la sereine impartialité, dont M. de Casabianca ne s'est pas départi un seul instant.

La révolution de 1848 avait complètement désorganisé nos

finances. La panique était partout. La rente avait baissé su-
bitement de plus de 50 pour 100 : le 5 pour 100, qui au commencement de l'année était coté 117 fr. 50, tombait, en
mars, à 57 fr. 50 et on ne devait pas tarder à le voir à 50 francs ;
le 3 pour 100, de 72 fr. 20 descendait jusqu'à 32 fr. 60. Le
mouvement industriel et commercial était paralysé ; les impôts
ne rentraient plus. A sa première heure, la seconde république dut avoir recours à des mesures que n'eussent pas
désavouées les financiers du Directoire. Il suffit de rappeler
ces 45 centimes additionnels, assis non point sur le principal
des contributions directes, mais sur le montant des rôles,
frappant ainsi le contribuable en proportion même des charges
qu'il supportait déjà. On se trouvait en présence d'une dette
flottante de 630 millions. Les bons du Trésor furent consolidés, c'est-à-dire échangés contre de la rente 3 pour 100, que
le gouvernement républicain donnait à 55 francs quand elle se
cotait 43 francs à la Bourse : c'était pour les porteurs une
perte nette de 12 francs. Les dépôts des caisses d'épargne furent également consolidés en rente 5 pour 100 sur le taux
de 80 francs : à la Bourse elle se vendait 73 francs, soit
7 francs de perte. Ce n'était pas encore la banqueroute, mais
c'en était les signes précurseurs. Les recettes ordinaires du
budget qui, en 1847, s'élevaient à 1 342 millions, tombaient
en 1848 à 1 207 millions ; en 1851, elles n'atteignaient encore
que 1 273 millions. En quatre ans les budgets de la république
se soldaient par un découvert de 359 millions, soit en moyenne
89 millions de déficit annuel. Pour être équitable, il faut faire
entrer en ligne de compte le découvert que laissait après lui
le gouvernement de Juillet, et qui n'était pas sans ajouter
aux difficultés de la situation : il montait à 997 millions pour
une période de dix-huit années de pleine paix.

En 1852, lorsque s'installa le gouvernement impérial, les
recettes ordinaires dépassaient à peine 1 336 millions : on
n'avait pas encore retrouvé le chiffre de 1847. En 1869, on
arrivait à 2 087 millions : le revenu public s'était accru de
751 millions en dix-huit ans, soit de 56 pour 100. Il est im-
portant de noter que cet accroissement n'est pas dû à des aug-

mentations d'impôt. La base de l'impôt est restée sensiblement la même pendant toute la durée du régime impérial. Si
l'on met en regard des taxes nouvelles et des remaniements de
tarifs les taxes supprimées et les dégrèvements opérés, on ar-
rive plutôt à une légère réduction : de 1848 à 1864, elle se
chiffre à 9 millions.

Pour se rendre un compte exact de cette situation, il convient de la comparer à celle du gouvernement de Juillet; la
comparaison est d'autant plus indiquée que les termes en sont
identiques; comme l'Empire, le gouvernement de Juillet a
duré dix-huit ans. En dix-huit exercices, de 1830 à 1847, les
recettes ordinaires se sont élevées de 971 millions à 1 342, soit
au total de 371 millions ; c'est un accroissement de 38 pour 100,
plus d'un tiers, tandis que pendant la période de 1852 à 1869
la progression atteint 56 pour 100, plus de moitié. D'un autre côté, quand on examine les dépenses du budget de 1829
(1 014 millions) et celles de 1847 (1 629 millions), on trouve
une augmentation de 615 millions, c'est-à-dire de 60 pour 100 ;
de 1847 à 1869, où les dépenses atteignent 2 145 millions,
l'augmentation se réduit à 516 millions : elle n'est plus que
de 31 pour 100.

Ces chiffres sont curieux et instructifs. Il ne serait pas difficile d'en tirer de puissants arguments en faveur de cette thèse,
qu'on eût considérée autrefois comme le plus étrange des pa-
radoxes, mais à laquelle les faits et l'expérience tendent journellement à donner raison : que l'économie dans les finances,
la sévère administration des deniers de l'Etat est loin d'être
assurée par les formes parlementaires; que souvent, au con-
traire, au développement des libertés parlementaires, à
l'omnipotence des assemblées, correspond une augmentation
des dépenses publiques, une facilité à grever le contribuable
de charges nouvelles. Les exemples abondent : la Belgique,
le Danemark, la Hollande, l'Autriche, les divers cantons de
la Suisse. Nous ne parlons pas des Etats-Unis, où la fortune
publique est livrée au pillage par les corps électifs, où l'on
peut enregistrer des scandales tels que celui de New-York : la
grande cité tombée aux mains d'une bande d'aventuriers qui

n'y voyaient qu'une mine d'or à exploiter. Dans ces dernières années, la Prusse elle-même s'est plus d'une fois écartée, sous l'influence du Reichstag, de cette économie traditionnelle qui faisait l'orgueil de la maison de Brandebourg. Dans une enquête ouverte par le Cobden-Club à Londres, dont M. Leroy-Beaulieu nous donne le résumé dans son savant *Traité de la science des finances,* ces faits ont été constatés avec un sentiment de douloureuse inquiétude par les esprits les plus distingués et les plus libéraux. Seule l'Angleterre fait exception : serait-ce parce que seule elle possède les secrets, elle a pénétré le jeu de ce mécanisme parlementaire, dont les progrès se confondent avec son développement historique, tandis que les autres nations, étrangères par leurs mœurs, par leurs idées, par leur passé, à toutes ces traditions dont l'ensemble constitue le gouvernement britannique, n'en ont jamais possédé que des imitations plus ou moins imparfaites ?

Si nous voulions jeter un regard sur l'ensemble de nos budgets depuis 1871, que de faits viendraient encore à l'appui de cette thèse! En laissant de côté la dette publique, la guerre et la marine, on constate, en dix ans, de 1871 à 1880, une augmentation de dépenses de 511 millions. Sur le seul chapitre des traitements, on peut au budget de 1880 relever une augmentation de 54 millions ; au budget de 1881, elle est de plus de 60 millions ; les traitements civils qui, en 1871, étaient portés pour 253 328 000 francs, atteignent en 1881 le chiffre de 314 120 000 francs : c'est un accroissement, en dix ans, de 24 pour 100.

Le trait caractéristique des finances du second empire, c'est l'augmentation continue, progressive des recettes, augmentation qui est un signe du développement de la fortune publique, quand la base de l'impôt reste invariablement la même. Jamais cette augmentation n'avait atteint de pareilles proportions. Sous la Restauration, en quinze ans, les recettes ordinaires s'accroissent de 36 pour 100 ; sous le gouvernement de Juillet, en dix-huit ans, de 38 pour 100 ; sous l'Empire, dans un même laps de temps, de 56 pour 100. Ce mouvement ne s'est pas arrêté depuis 1870 ; mais, en présence des nouveaux impôts qui figurent à nos budgets, les éléments d'appréciation font défaut ; il n'existe plus de base commune, et il serait difficile de s'aventurer à établir une proportion exacte entre les rendements actuels et ceux du régime précédent.

Ce développement incontesté et incontestable de la fortune publique pendant les dix-huit années de l'Empire, convient-il de l'attribuer uniquement à des causes générales, indépendantes de l'action du gouvernement? Faut-il n'y voir que le résultat des efforts individuels, que la conséquence de ce mouvement commercial et industriel qui signale la seconde phase du dix-neuvième siècle? Il est de mode, nous le savons, dans une certaine école, de refuser au pouvoir, quel qu'il soit, toute influence bienfaisante, de ne voir dans ses actes qu'une intervention tracassière, brouillonne, le plus souvent nuisible, de ne réclamer de lui en tout et partout que l'abstention. On dirait vraiment que l'intelligence, la prudence, la perspicacité, la prévoyance n'existent et ne se développent chez l'homme qu'à la condition de se borner exclusivement à la surveillance de ses intérêts particuliers ; on serait tenté de croire que dès qu'un individu consacre son existence à l'étude des intérêts généraux, c'est-à-dire aux fonctions publiques, aussitôt il perd toutes ses facultés et qu'il n'y a plus désormais chez lui que routine, ignorance, imprévoyance et incapacité. Certes, les découvertes scientifiques ont transformé l'outillage de nos manufactures, facilité la production, et, en la rendant plus rapide et moins coûteuse, donné un nouvel essor à la consommation ; certes, l'industrie et le commerce tendent à prendre dans nos sociétés modernes une place inconnue aux âges précédents. Mais ce mouvement industriel et commercial, qui est, sans contredit, une des faces de la civilisation, n'a-t-il pas trouvé un puissant auxiliaire dans le gouvernement impérial?

Que réclament avant tout le commerce et l'industrie? La facilité des transports, la facilité des échanges ; pouvoir obtenir promptement et à bon compte les matières premières, pouvoir faire parvenir ses produits sur tous les marchés du globe : deux conditions qui s'unissent, se confondent et qu'on

tenterait vainement de séparer. Dans quel but, en effet, sur-
monter les obstacles naturels qui s'opposent aux transports,
si des obstacles factices viennent entraver les échanges?

A la fin de 1851, le réseau des chemins de fer français en
exploitation se réduisait à 3546 kilomètres. On sait combien
furent lents et pénibles les débuts de cette industrie. Il suffit
de se reporter aux discussions qui précédèrent dans les Chambres la loi de 1842, pour se rendre compte de l'indifférence
et des préjugés qui régnaient alors, même chez les esprits les
plus distingués. Quand fut votée cette loi, qui traça le dessin
de nos grandes lignes, et posa les premiers principes sur la
matière, la France ne comptait que 566 kilomètres de chemins de fer en exploitation, moins que l'Allemagne, moins
que l'Autriche, à peine le double du réseau qui sillonnait
déjà le territoire restreint de la Belgique, tandis que l'Angleterre exploitait déjà 2521 kilomètres et les Etats-Unis 5800.
Les événements de 1848 vinrent encore arrêter l'œuvre à peine
ébauchée. Le réseau concédé, qui, en 1848, était de 4034 kilomètres, se trouvait réduit en 1851 à 3910. On communi-
quait bien avec la Belgique, on arrivait bien au Havre; mais,
sur la ligne de Bordeaux, on atteignait à peine Poitiers ; sur
celle de Lyon, Dijon. Nantes venait seulement d'être relié à
Paris ; l'Est ne se composait que de tronçons ; le Midi n'exis-
tait qu'à l'état de vague projet ; au centre, en Bretagne, rien.

C'est dans cette situation que le gouvernement impérial
trouva les chemins de fer. Construire les lignes projetées, les
construire rapidement pour regagner tout le temps qu'avaient
fait perdre et les longues hésitations de nos assemblées et les
troubles politiques, étendre le réseau, enserrer dans ses
mailles tout le territoire, rattacher à l'ensemble du système
jusqu'aux points les plus reculés, mettre, en somme, la France
de niveau avec les puissances qui l'entouraient, en la dotant
de ce merveilleux instrument de richesse et de prospérité qui
lui avait fait défaut jusqu'alors, telle fut la tâche que s'imposa
le nouveau gouvernement, et qu'il poursuivit sans relâche pendant dix-huit ans. En 1870, les lignes concédées comprenaient
23401 kilomètres, dont 17464 en exploitation : notre réseau

s'était accru, depuis 1851, de 19491 kilomètres; l'étendue des lignes exploitées avait plus que quadruplé.

Etait-il possible d'atteindre ce but uniquement avec les procédés de la loi de 1842? Laisser à la charge de l'Etat l'acquisition des terrains, les travaux d'art, en somme, toute la construction, sauf la pose du matériel, c'était retarder indéfiniment l'accomplissement de cette grande œuvre, à moins que l'Etat ne s'assurât le concours de compagnies puissantes, au crédit solidement établi, se trouvant ainsi en mesure d'escompter ses subventions et de marcher de l'avant sur la seule foi de ses engagements. Les six grandes compagnies furent créées et absorbèrent presque l'intégralité de ce réseau, que se partageaient auparavant soixante-dix sociétés. La durée de leurs concessions fut portée à quatre-vingt-dix-neuf ans : c'était leur assurer l'avenir. Cela seul suffisait presque pour fonder leur crédit.

Quand, en 1859, on voulut activer les travaux et étendre encore le réseau, on recourut à un système nouveau, celui de la garantie d'intérêt. Ce n'était plus les compagnies qui prêtaient leur crédit à l'Etat, mais l'Etat qui prêtait le sien aux compagnies. Les lignes concédées à chaque compagnie furent réparties entre deux réseaux : l'ancien et le nouveau. L'ancien devait se suffire à lui-même. Pour construire le nouveau, les compagnies se trouvaient dans la nécessité d'emprunter : l'Etat garantissait aux prêteurs, pendant cinquante ans, un intérêt de 4 fr. 65 pour 100, le surplus en intérêts et amortissement devant être prélevé sur les produits de l'ancien réseau. Il n'y avait là, en réalité, qu'une avance : car toutes les sommes payées, à ce titre, par l'Etat, devaient lui être remboursées avec les intérêts à 4 pour 100. Cette avance était, du reste, destinée à se réduire successivement et par l'excédent des recettes de l'ancien réseau, qui, au-delà d'un maximum fixé par les conventions, était attribué aux dépenses du nouveau, et par l'accroissement normal et régulier des recettes sur les lignes comprises dans cette seconde catégorie. De plus, à partir d'un chiffre déterminé, les compagnies s'engageaient à faire participer l'Etat à leurs bénéfices.

Cette garantie d'intérêt a imposé certaines années, à l'Etat,
une charge variant de 45 à 50 millions. Actuellement, on pré-
voit déjà le jour où, d'ici à deux ou trois ans, telle compagnie
pourra commencer à rembourser au Trésor les avances qu'elle
en a reçues. Chose remarquable! les calculs furent établis avec
une telle sûreté, une telle précision, une telle prescience du
développement de la circulation sur les voies ferrées, que,
depuis 1854, époque où la garantie d'intéret commença à
fonctionner, on n'a relevé aucune erreur dans les prévisions
de l'administration impériale.

C'est à cette série de mesures, si habilement combinées,
que la France a dû la rapide extension, nous pouvons dire
la création de ce grand réseau de chemins de fer, qui, en dehors des avantages qu'en retirent journellement le commerce
et l'industrie, assurait à l'Etat, en 1878, un profit net de
235 608 389 francs, tant en impôts perçus qu'en services exé-
cutés pour son compte.

A la grande œuvre des chemins de fer se joignirent bientôt
les traités de commerce. Ces tarifs de guerre, où la prohibition
apparaissait à chaque ligne, tarifs établis par la Convention
et maintenus par l'empereur dans sa lutte contre l'Europe coa-
lisée, la Restauration et le gouvernement de Juillet les avaient
conservés. Sous ces gouvernements pacifiques, ils avaient
revêtu un nouveau caractère : de tarifs de guerre, ils étaient
devenus des tarifs de privilège. On voulait protéger l'industrie
et l'agriculture française. Cette protection, qui en payait les
frais ? La masse des consommateurs. A l'impôt perçu pour le
compte de l'Etat venait s'ajouter, non seulement sur les produits fabriqués, mais sur les denrées alimentaires, sur le pain,
sur la viande, un impôt encore plus lourd au profit de l'industriel ou du propriétaire agricole. Etait-ce simplement le résultat d'une erreur économique, ou s'y mêlait-il une pensée politique : constituer une aristocratie industrielle, quand la
noblesse de race avait perdu ses privilèges? Ce qui est certain,
c'est que pendant cette période, de 1815 à 1848, l'intérêt des
consommateurs trouvait à peine des organes dans les Chambres ; que, toutes les fois que le gouvernement proposait des

réductions de droits, il se heurtait contre une opposition formidable, telle que celle qui empêcha l'union douanière projetée entre la France et la Belgique. Les assemblées républicaines ne professaient pas du reste d'autres doctrines : on connaît l'échec de la proposition Sainte-Beuve à la Législative.

Développer les voies de communication, faciliter la circulation des produits pour en arrêter ensuite l'échange à la frontière par des taxes prohibitives, c'eût été faire œuvre contradictoire. L'établissement des chemins de fer entraînait la revision des tarifs. Le gouvernement impérial l'avait compris dès la première heure. Aussi, l'empereur s'était-il fait déléguer, par la constitution de 1852 et le sénatus-consulte de 1853, le droit de conclure les traités de commerce et de rendre exécutoires les modifications de tarifs consenties dans ces actes internationaux. L'histoire de ces trente-cinq dernières années lui avait appris qu'en pareille matière une assemblée est impuissante, et que l'intérêt général y disparaît étouffé sous la coalition des intérêts particuliers. Il ne devait pas tarder à en recueillir lui-même la preuve. En 1856, un projet de loi, ayant pour objet la levée des prohibitions, échouait devant le Corps législatif; et cependant les droits proposés par le gouvernement variaient de 33 à 40 pour 100 !

Le 23 janvier 1860, le traité de commerce avec l'Angleterre était signé. D'autres ne devaient pas tarder à le suivre. Ce n'était pas, comme on l'a dit et répété maintes fois, l'avènement du libre-échange; c'était simplement un pas dans cette voie. Les prohibitions disparaissaient; on abaissait les droits par trop exagérés, mais on les maintenait encore à un taux relativement élevé, puisque le maximum en demeurait fixé, à partir du 1ᵉʳ octobre 1864, à 25 pour 100 de la valeur des produits. La mesure pouvait paraître audacieuse à ceux qui s'étaient toujours refusés à toute réforme ; elle n'en était pas moins marquée au sceau de la prudence. Défendre cette grande œuvre serait inutile aujourd'hui, après les magnifiques discours que l'illustre homme d'Etat qui a eu l'honneur d'apposer sa signature au traité de 1860, qui en a fait sa chose et la gloire de sa vie,

prononçait tout récemment, au milieu d'un silence respec-
tueux, devant une de nos assemblées si prévenue contre
tout ce qui touche au passé. Quelques chiffres suffisent
pour justifier la réforme économique, si elle avait encore besoin de justification. En 1859, le commerce spécial de la
France était de 3 900 millions ; en 1869, il s'élevait à
6 225 millions : c'est une augmentation de 2 325 millions en
dix ans, soit plus de 59 pour 100. En 1857, les matières
premières introduites en France pour être transformées
par notre industrie, pour alimenter nos fabriques et nos usi-
nes, étaient estimées à 727 millions ; en 1876, elles atteignaient 2 266 millions, soit plus de 200 pour 100 d'augmentation en vingt ans. Tels sont les avantages qu'ont retirés
notre industrie et notre commerce des traités de 1860.
Voilà chiffrée la prospérité qu'ils ont apportée avec eux, et
dont les effets, qui n'ont jamais cessé de se faire sentir, nous
ont aidés à supporter si facilement les terribles crises que nous
avons eu à traverser depuis lors.

On a reproché au gouvernement impérial d'avoir abusé de
l'emprunt, de n'avoir pas su se contenter de ces accroisse-
ments permanents des revenus publics, d'avoir toujours voulu
les escompter, compromettant ainsi au profit du présent les
ressources de l'avenir. Depuis les emprunts colossaux que nous
avons dû contracter, et auxquels n'ont pas tardé à en succéder
d'autres, qu'une nécessité impérieuse ne commandait pas,
cette accusation a bien perdu de sa valeur. De 1852 à la fin de
l'Empire, la dette publique s'est accrue de 168 187 850 francs
de rente : dans ce chiffre, les emprunts de guerre entrent
pour 137 313 056 francs. La dette inscrite montait, au 1er janvier 1852, à 230 768 863 francs de rente ; au 1er septem-
bre 1870, elle atteignait 398 956 713 francs de rente : c'était,
en somme, un accroissement de 73 pour 100, soit en moyenne,
pour dix-huit ans, de 9 millions par an. Notons, en passant,
qu'en quatre années la république de 1848 avait augmenté la
dette de 53 923 496 francs, soit de 12 millions par an ; et cela
sans guerre extérieure, uniquement pour couvrir des déficits.

L'Empire consacra un nouveau mode d'emprunt, celui qui

depuis est resté dans nos mœurs : l'emprunt par souscription publique. Une tentative de ce genre avait bien été faite en 1818. Il s'agissait d'obtenir 198 millions, et cette somme avait été couverte quinze fois. Mais quand arrivèrent les échéances de payement, le Trésor se trouva en présence de souscripteurs qui ne s'étaient pas rendu un compte exact de leurs ressources; de nombreuses difficultés se produisirent et la rente baissa en quelques mois de 20 pour 100. L'expérience paraissait avoir condamné ce mode de souscription, qui fut dès lors abandonné. Sous le gouvernement de Juillet, comme sous la Restauration, à part cet essai malheureux de 1818, tous les emprunts avaient été contractés soit par soumission directe, soit par adjudication. L'adjudication portant sur la totalité des rentes créées, seules de puissantes maisons de banque étaient en mesure de soumissionner les emprunts, qu'elles se chargeaient en réalité d'émettre au lieu et place de l'Etat. Vis-à-vis de lui, elles remplissaient le double rôle d'assureur et d'escompteur; vis-à-vis du public, celui d'entrepositaire. Elles garantissaient, en somme, au Trésor, le placement intégral de l'emprunt et lui en versaient immédiatement le montant, sauf ensuite à en écouler les titres sur le marché suivant leurs convenances, aux heures et dans les conditions qui leur paraissaient les plus favorables. Quand le crédit d'un Etat est solidement assis, il n'a pas besoin d'assureur, et il peut trouver des escompteurs aussi bien parmi les petits capitalistes que parmi les grands, avec cet avantage que ceux-là lui feront payer moins cher leurs services. En effet, le petit capitaliste entend effectuer un placement, s'assurer un revenu, se constituer une propriété et non pas spéculer sur une émission, réaliser une prime, profiter de la différence qui peut exister entre le taux de la soumission et les cours postérieurs de la Bourse, sauf à chercher ensuite d'autres bénéfices dans des opérations de même nature. Le gouvernement impérial le comprit. Sans se laisser arrêter par le fâcheux précédent de 1818, jugeant que le développement de la richesse générale permettait de réussir où d'autres avaient autrefois échoué, il résolut d'écarter tout intermédiaire et de s'adresser directement à la grande masse du public. L'événement prouva qu'il n'avait pas trop présumé du crédit de la France. En 1854, l'emprunt de 250 millions était couvert deux fois ; l'année suivante, l'emprunt de 500 millions l'était quatre fois. Alors se succédèrent cette série d'emprunts (on en compte sept jusqu'en 1870) où les capitaux affluèrent de toutes les parties de la France ; l'un d'eux, celui de 315 millions, en 1864, fut couvert jusqu'à quinze fois.

Nous ne nous faisons pas d'illusion sur la valeur réelle de ces chiffres ; nous savons très bien que la spéculation n'avait pas tardé à exagérer le montant des souscriptions. Les grandes maisons de banque, dépossédées de ce rôle si fructueux d'assureur, avaient tout au moins tenté de conserver celui d'entrepositaire et de retrouver de cette manière une portion des bénéfices qui leur échappaient d'autre part. De là cette lutte incessante entre elles et l'Etat : les banquiers enflant le chiffre de leurs souscriptions pour avoir droit, lors de la répartition, à une part d'autant plus forte ; l'Etat créant les coupures irréductibles, en abaissant le montant jusqu'à 5 francs de rente, pour arriver à faire tomber directement le titre entre les mains de celui qui entendait en rester propriétaire, du cultivateur ou de l'ouvrier qui voulait réellement placer sa petite épargne. C'est ainsi que la rente se répandit dans toutes les classes de la société, que la propriété mobilière, jusquelà pour ainsi dire interdite à quiconque ne pouvait disposer que de maigres économies, devint désormais accessible à tous. Le gouvernement impérial avait pressenti la puissance des petits capitaux.

L'emprunt par souscription publique est-il le dernier mot de la science financière? On connaît les objections qu'il soulève. La plus grave, sans contredit, c'est la difficulté pour l'Etat de fixer le taux de l'émission. S'il le met trop haut, c'est un échec pour l'opération ; s'il le met trop bas, c'est une perte sèche pour le Trésor. On a essayé depuis, notamment lors de la création du 3 pour 100 amortissable, de divers autres modes : adjudication à la Bourse, vente directe aux guichets du Trésor ; ils n'ont pas donné les résultats qu'on était en droit d'en attendre. Ce qui est certain, c'est que la sous-cription publique, telle qu'elle a été pratiquée sous le second empire, en dehors des avantages qu'elle a procurés à la masse infinie des petits capitalistes, a achevé de dégager l'Etat des liens qui l'unissaient étroitement autrefois aux grandes mai-sons de banque. Napoléon I*er*, en créant le compte courant des receveurs généraux, avait débarrassé l'Etat des derniers trai-tants, qui, sous le nom de *faiseurs de service*, se chargeaient de ses opérations de trésorerie et lui vendaient bien cher un concours souvent dangereux. Napoléon III comprit que le Trésor, avec cette magnifique organisation qu'il devait au premier empereur, avec ses mille correspondants : trésoriers généraux, receveurs particuliers, percepteurs, répandus sur toute la surface du territoire, était la plus grande et la plus puissante des maisons de banque, que son crédit était supé-rieur à celui de n'importe quel établissement, qu'il avait dans la masse de la nation une clientèle toute naturelle et qu'il lui suffisait d'y faire appel pour la grouper autour de lui.

L'emprunt de 1854 avait été un acte d'audace, de cette au-dace prudemment réfléchie qui commande par avance le suc-cès. Une mesure non moins audacieuse et non moins profi-table au crédit de l'Etat l'avait précédé. Trois mois à peine après l'installation du nouveau gouvernement, un décret du 14 mars 1852 avait prescrit la conversion du 5 pour 100 en 4 et demi. C'est la première opération de cette nature que relate notre histoire financière, et, disons-le avec regret, c'est en-core aujourd'hui la seule. Vainement, en 1824, M. de Villèle avait proposé la conversion. Quand l'habile ministre venait défendre la cause du Trésor ; quand il avançait avec tant de raison que, si le taux de l'intérêt a baissé, nul ne saurait con-traindre l'Etat à renoncer aux avantages qu'il peut tirer de cette situation nouvelle ; qu'il lui est toujours loisible de con-tracter un emprunt aux conditions actuelles du marché pour en rembourser un autre consenti en d'autres temps, dans d'autres circonstances et à des conditions devenues onéreuses par le fait seul de l'abondance des capitaux (car c'est en cela uniquement que se résume une conversion), on lui répondait

par les plaintes et les lamentations des rentiers. On se préoc-
cupait beaucoup des rentiers ; on oubliait absolument les contribuables, qui, en somme, recueillent le bénéfice de toute
conversion et sont en droit de l'exiger. A quel titre, en effet,
pourrait-on leur imposer de payer les intérêts de la dette de
l'Etat, c'est-à-dire de leur dette, à un taux qui dépasse le
cours de l'argent sur le marché des capitaux? Comme il ar-
rive trop fréquemment dans les assemblées parlementaires, les
intérêts particuliers l'emportèrent sur l'intérêt général. Le
plan de M. de Villèle fut tronqué : au lieu d'une économie de
28 millions, le Trésor n'en réalisa qu'une de 6. Même résis-
tance sous le gouvernement de Juillet, lorsque le 5 pour 100
dépassait 122 francs ; le 4 et demi, 116 francs ; le 4, 110 francs,
lorsque la conversion en 3 et demi eût pu rapporter à l'Etat,
c'est-à-dire aux contribuables, un bénéfice annuel de 40 millions.

Le prince-président n'hésita pas. Au lendemain d'un plé-
biscite, à la veille d'en solliciter un autre qui devait lui dé-
cerner la couronne impériale, soucieux uniquement des intérêts
généraux du pays, il brava sans crainte les mécontentements,
les animosités, les colères que pouvait susciter une pareille
mesure. Le 5 pour 100 était seulement à 103 francs. La conversion s'effectua ; on peut dire qu'elle fut acceptée de tous,
car le Trésor n'eut à rembourser que 80 millions et il réalisa
une économie annuelle de 17 566 401 francs. Quand on voit
avec quelle promptitude, quelle décision fut menée une si
importante opération, quand on considère que depuis plus
de quatre ans nos assemblées reculent devant une mesure
analogue, qui assurerait au pays un bénéfice annuel de plus
de 34 millions, on se demande si de tels actes n'exigent pas,
pour être accomplis, la volonté ferme et réfléchie d'un seul
homme, qui mesure sa responsabilité à l'étendue des pouvoirs
dont il est investi.

Chose remarquable entre toutes dans cette conversion,
c'est le secret dont elle resta entourée jusqu'à la dernière
heure. M. James de Rothschild avoua, nous dit M. de Casabianca, que c'était la seule grande opération financière qu'il

n'eût point connue d'avance. Cet aveu, l'histoire doit l'enregistrer à l'honneur des ministres de 1852, à l'honneur de M. Bineau, qui tenait alors le portefeuille des finances ; de M. de Casabianca, ministre d'Etat, entre les mains de qui passaient tous les décrets ; à l'honneur de tous leurs collaborateurs. On peut railler avec plus ou moins de verve les administrations publiques ; mais trouvera-t-on ailleurs beaucoup d'hommes d'une aussi haute probité ? Maîtres d'un secret qui valait des millions, tous l'ont religieusement gardé ; nul ne l'a laissé pénétrer, car ce secret ne leur appartenait pas, c'était celui de l'Etat et du souverain.

Le gouvernement impérial ne se contenta pas de la conversion. Pour assurer la réduction progressive de la dette publique, il voulut régulariser le service de l'amortissement. En fait, l'amortissement n'avait guère fonctionné normalement en France que sous la Restauration. Pendant cette période de quinze années, où furent créés 190 millions de rentes, il en avait été racheté pour 53 millions. Sous le gouvernement de Juillet, le chiffre des rachats atteignit seulement 26 millions. Les opérations de l'amortissement étaient devenues, sauf en ce qui concernait le 3 pour 100, absolument fictives. Chaque nature de rente étant dotée d'un fonds d'amortissement spécial qui ne devait être employé que lorsque la rente se trouvait au-dessous du pair, le 3 pour 100 seul réunissait ces conditions. Le Trésor empruntait alors à la Caisse d'amortissement pour les besoins des divers services publics les fonds dont elle ne pouvait faire usage, et qui, en réalité, apparaissaient uniquement dans ses écritures. Le jeu de l'amortissement fut suspendu, à quelques exceptions près, pendant les premières années de l'Empire. Emprunter d'un côté pour amortir de l'autre, c'eût été chose peu sérieuse.

La loi du 11 juillet 1866 vint constituer sur de nouvelles bases la Caisse d'amortissement. L'Etat lui abandonnait tous les revenus de son domaine utile ; elle devait encaisser désormais le produit net des forêts, l'impôt du dixième sur les transports, les sommes revenant au Trésor en vertu des conventions conclues avec les compagnies de chemins de fer

(remboursement en temps et lieu de la garantie d'intérêt,
partage des bénéfices au-delà d'un certain chiffre) : à ceci
s'ajoutaient les bénéfices de la Caisse des dépôts et consigna-
tions, des subventions de l'Etat prélevées sur les excédents
budgétaires, ainsi que les arrérages des rentes rachetées. Avec
ces revenus, la Caisse d'amortissement devait non seulement
racheter des rentes à la Bourse, mais se substituer à l'Etat
pour acquitter tous les engagements temporaires qu'il avait
contractés en matière de travaux publics, tels qu'emprunts
pour le rachat des canaux et ponts à péage, garanties d'intérêts aux compagnies de chemins de fer. Tous ces engagements échelonnés à des termes différents et expirant à des
époques déterminées, les ressources de la Caisse d'amortissement affectées au rachat des rentes étaient ainsi appelées à
s'accroître successivement du montant des annuités éteintes,
sans compter les remboursements des compagnies de che-
min de fer pour les avances à titre de garantie d'intérêt, qui
lui étaient désormais attribuées, puisqu'elle prenait à son
compte la charge de ces avances.

C'était une combinaison non seulement ingénieuse, mais
toute rationnelle. Les chemins de fer, dont l'Etat a conservé
la nue propriété et qui doivent lui revenir à l'expiration des
concessions, sont, avec le domaine forestier, la garantie ma-
térielle et tangible de la dette publique. Demander aux produits qu'ils peuvent fournir d'atténuer par avance et de réduire cette dette, n'était-ce pas naturel et conforme aux
principes ? On n'amortit réellement, dira-t-on, qu'à l'aide
d'excédents budgétaires ; tout système qui ne repose pas uniquement sur des excédents est défectueux : autrement c'est
s'exposer, comme l'avaient fait la Restauration et aussi le gouvernement de Juillet, à emprunter d'un côté pour amortir de
l'autre, à racheter de la rente à un taux plus élevé que celui
auquel on vient d'en émettre. Rationnellement, scientifiquement, cette proposition ne saurait être contestée. Mais dans
la pratique, n'est-il point à craindre que si un pays ne se trouve
pas enchaîné dans les liens d'un système régulier d'amortissement, que si tous les ans, en préparant le budget, les minis-

tres et les chambres ne sont pas contraints de réserver une somme disponible pour cette dépense obligatoire, les excédents ne tardent pas à recevoir une autre destination ? Ce sera sur tel ou tel chapitre des augmentations faciles à justifier, des traitements modestes à améliorer, des travaux publics à entreprendre, ou bien, comme l'Angleterre nous en a donné l'exemple depuis 1815, on renoncera à l'amortissement pour se lancer dans la voie plus séduisante des réductions d'impôts. En fait, la loi de 1866 n'est restée en vigueur que quatre ans, et pendant ces quatre années, où les charges imposées à la Caisse d'amortissement atteignaient presque leur maximum, elle a pu néanmoins racheter 4 400 000 francs de rentes.

On a beaucoup attaqué en son temps le mode qui présidait à l'établissement des budgets du second Empire. La division du budget en budget ordinaire et en budget extraordinaire, le vote par ministère ou par grandes sections, les virements de crédits ont été l'objet des critiques les plus vives et souvent les plus passionnées.

En 1863 apparurent pour la première fois, à côté du budget ordinaire le budget extraordinaire et le budget sur ressources spéciales. Ce dernier, consacré à des dépenses départementales et communales, alimenté par des fonds spéciaux, est, par sa destination comme par son origine, sinon indépendant du budget de l'Etat, du moins appelé à pourvoir à des services d'une nature particulière et dans lesquels l'Etat n'intervient qu'indirectement. Peut-être pourrait-on modifier la classification de ces services, en mettre un certain nombre au compte de l'Etat, en attribuer d'autres aux départements et aux communes. Mais cette question, tout administrative, n'est pas du ressort de la comptabilité budgétaire. Cette distinction, que l'Empire a été le premier à établir, est, en somme, normale, logique, régulière et propre à apporter plus de clarté dans l'exposé sommaire des charges du pays.

Le budget ordinaire et le budget extraordinaire reproduisaient la distinction qui existe dans la comptabilité des départements et des communes entre les dépenses obligatoires et les dépenses facultatives. Le budget extraordinaire a disparu depuis 1870, mais, sans parler du compte de liquidation, qui forme à lui seul un véritable budget, il a été remplacé par un budget sur ressources extraordinaires. C'est, aujourd'hui, sur l'origine des fonds et non plus sur leur destination que repose la distinction. N'y avait-il pas quelque avantage cependant, lorsqu'on ouvrait un de ces gros volumes qui renferment notre loi annuelle des finances, à pouvoir se rendre compte à première vue des dépenses indispensables à la marche générale du gouvernement, à la sécurité du pays, au fonctionnement de notre mécanisme administratif et de celles qu'il est loisible d'ajourner sans porter le trouble dans tous les services, sans dommage réel, sans danger imminent?

Le budget était voté par ministère en vertu du sénatus-consulte du 25 décembre 1852 ; il le fut par grandes sections à partir de 1862 : on en comptait cinquante-neuf en 1866. Afin de restreindre à l'avenir ces crédits supplémentaires et extraordinaires qui viennent sans cesse modifier l'économie de la loi des finances, le sénatus-consulte du 31 décembre 1861 retira au pouvoir exécutif le droit de les ouvrir pour le réserver exclusivement au pouvoir législatif; mais il donnait en même temps au gouvernement la faculté d'opérer des virements entre les divers chapitres d'un même ministère. Ce système des virements, préconisé à la tribune par M. Thiers en 1830, présente-t-il tous les avantages que lui attribuait cet homme d'Etat? Certes, il peut avoir pour résultat de diminuer l'importance des crédits supplémentaires ; mais il a pour inconvénient de pousser les ministres à forcer leurs prévisions dans le but de s'assurer des ressources pour les cas imprévus. Puis, qu'on se trouve tout à coup en présence de certaines éventualités qui touchent à la sécurité ou à l'honneur du pays, et les virements deviennent insuffisants, et la nécessité des crédits extraordinaires s'impose quand même au gouvernement.

Quant au vote du budget par grandes sections, il est facile à défendre. Nous avons vu à quelle impuissance étaient réduites fatalement les Chambres dans les questions capitales : législation douanière, chemins de fer, conversion. Elles s'en vengent trop souvent sur les détails. Le rôle des Chambres doit être uniquement un rôle de contrôle. Non pas que, quand un budget leur est soumis chapitre par chapitre, elles administrent, comme on l'a avancé maintes fois : il serait plus exact de dire qu'elles entravent l'administration. En présence de mille détails qu'elles ignorent, sous l'influence de préventions toutes naturelles à ceux qui ne connaissent pas les choses à fond, ou bien pour faire acte d'autorité, elles réduisent ou élèvent certains crédits hors de toute proportion. Dans le plus libre de tous les pays, dans celui où les droits du Parlement sont le plus scrupuleusement respectés, en Angleterre, l'examen du budget n'entraîne pas des discussions sans fin sur les mille détails de l'organisation politique et administrative. Une portion même des dépenses échappe au Parlement, tel que ce fonds consolidé qui comprend, outre la liste civile, la dette publique et les pensions, les traitements des cours de justice et du corps diplomatique et qui n'est pas soumis à ses votes. La discussion se borne à quelques explications demandées aux ministres, à quelques observations, dont ils tiendront compte dans l'établissement du prochain budget ; et jamais le Parlement ne vient modifier les propositions mûrement réfléchies des hommes compétents et établies sur les données de l'expérience par des dispositions inconsidérées qui peuvent souvent avoir pour conséquence de désorganiser les services publics. De 1854 à 1860, les réductions apportées par la Chambre des communes aux demandes de crédit du gouvernement se bornent à la modique somme de 500 000 francs en six ans.

Nous avons vu l'œuvre : il serait injuste d'oublier ceux qui ont travaillé à l'accomplir. Napoléon III sut trouver pour ministres des finances des hommes d'une réelle valeur. Ce fut d'abord M. Bineau, celui à qui revient l'honneur de la conversion de 1852, aussi heureusement exécutée qu'elle avait été habilement conçue, qui restera le type de toutes les opérations de cette nature et par les bénéfices qu'elle a procurés au Trésor et par la rigide loyauté qui y présida. Parmi ses successeurs, il faut citer M. de Forcade : il ne fit guère que traverser le ministère des finances, avant de prendre le portefeuille des travaux publics ;

mais il y laissa la trace de son passage. C'est lui qui émit les obligations trentenaires, première application sur une large échelle de l'emprunt amortissable affecté aux travaux publics, idée heureuse qu'on eut le tort d'abandonner presque aussitôt : un autre gouvernement devait la reprendre en lui donnant des proportions colossales, et qu'on a le droit, vu les circonstances, de taxer d'exagérées.

Les deux principaux ministres des finances furent M. Magne et M. Fould, qui tinrent successivement ce portefeuille pendant plus de la moitié du règne. Opposés de nature, d'origine, d'éducation, ils apportèrent chacun un tempérament différent dans la gestion des finances de l'Etat. Homme d'administration avant tout, profondément initié à tous les détails de l'organisme administratif, pénétré de la grandeur de l'œuvre accomplie par ses prédécesseurs, M. Magne avait peut-être une propension instinctive à reculer devant les innovations, à se défier des mesures nouvelles et sans précédents, par crainte d'être entraîné à porter la main sur cet admirable système conçu par Napoléon Ier, et qui n'a fait que se développer logiquement depuis lors. Il savait mieux que personne combien sont délicats tous les rouages de cette grande machine, comment toutes les pièces agencées les unes dans les autres s'appuient, se soutiennent mutuellement, et craignait, en touchant à une seule, d'atteindre le grand ressort et d'arrêter instantanément le mouvement.

Elevé dans le milieu de la haute banque, mêlé depuis sa jeunesse à ce qu'on appelle les grandes affaires, M. Fould avait la rapidité de conception, l'initiative, la décision, qui seules permettent d'y réussir. Il était disposé à ne voir dans le Trésor public qu'une vaste maison de banque, qu'il entendait diriger comme il eût dirigé celle de son père. Il en a donné la preuve dans cette opération connue sous le nom de *conversion de* 1862. Le 4 et demi était à peine au-dessus du pair ; cependant on se proposa de le convertir ainsi que le 4 et les obligations trentenaires. Il ne pouvait être question dans ces conditions de remboursement. On offrait aux porteurs de 4 et demi et de 4 d'échanger leurs titres contre du 3 pour 100.

Comme ce fonds était, toute proportion gardée, à un taux sensiblement supérieur aux autres, on leur demandait une soulte; moyennant le payement de cette soulte, il leur était délivré un titre en 3 pour 100 d'un revenu égal à celui qu'ils abandonnaient. En acceptant cette proposition, les rentiers se garantissaient contre toute conversion possible dans le cas où le 4 et demi aurait atteint des cours permettant d'effectuer cette opération sur les mêmes bases qu'en 1852; ils sacrifiaient un capital pour être assurés de conserver l'intégralité de leurs revenus. L'Etat recueillit ainsi 157 millions; mais en transformant sa dette en 3 pour 100, il perdait par avance le bénéfice des conversions qu'il eût pu réaliser dans l'avenir. Cette opération, jusque-là sans précédent, était de nature à soulever des objections; elle étonna par sa nouveauté, on y sentait plutôt la main du banquier que celle de l'administrateur. Aujourd'hui la conversion de 1862 n'est plus un fait isolé dans notre histoire financière; c'est sur le même principe et dans des conditions analogues que s'est effectuée en 1875 la conversion de l'emprunt Morgan.

On s'est demandé souvent lequel est le plus apte à gérer les finances d'un grand Etat d'un administrateur ou d'un financier de profession, de celui qui connaît à fond tous les rouages des divers services publics, ou de celui qui, dans la pratique des grandes affaires industrielles et commerciales, a été à même de recueillir des idées nouvelles, dont il peut faire une heureuse application dans l'administration publique. Nos grands ministres des finances, dans le passé, s'appellent le duc de Gaëte, le comte Mollien, le baron Louis, le comte de Villèle. Trois d'entre eux avaient vieilli au service de l'Etat, aucun n'appartenait au monde des affaires. Depuis lors, il est vrai, l'industrie et le commerce ont pris une importance inconnue au commencement du siècle. Le Trésor peut, certes, trouver avantage à s'inspirer sur certains points de leurs procédés. D'autre part, le développement des sociétés anonymes, la création des compagnies de chemins de fer ont profondément modifié les grandes affaires; l'extension des opérations de certaines de ces sociétés, la surveillance qu'elles sont forcées d'exercer sur un nombreux personnel disséminé sur tant de points divers les amènent, de plus en plus, à prendre modèle sur les formes administratives et à s'inspirer des règles strictes et méthodiques de la comptabilité de l'Etat. Certes un ministre des finances ne doit pas rester étranger au grand mouvement industriel; mais il ne saurait agir avec les contribuables comme avec de simples clients; il est tenu, vis-à-vis des intérêts particuliers, à des égards ignorés du commerce; car il ne lui est pas permis d'oublier que c'est la masse de ces intérêts qui constitue l'intérêt général, celui que l'Etat a pour mission de protéger et de sauvegarder.

A côté de tous ces hommes distingués, à qui fut confié successivement le portefeuille des finances, il convient d'en nommer un qui n'occupa, il est vrai, que quelques instants ce ministère, mais qui peut à juste titre revendiquer la plus large part dans cette grande politique de progrès matériel à laquelle la France dut sa richesse et sa prospérité : c'est le ministre des travaux publics qui conçut le système des conventions de 1859 avec les compagnies de chemins de fer, qui sut escompter l'avenir sans le compromettre, et développer sur toute la surface de la France notre magnifique réseau ; c'est le ministre du commerce qui fut le promoteur de l'abaissement des tarifs, qui a présidé jusque dans ses plus minces détails à cette grande réforme commerciale dont nous recueillons chaque jour les bienfaits. L'Angleterre redit encore avec reconnaissance le nom de Robert Peel : l'histoire fera sa place à M. Rouher.

En recueillant ses souvenirs, M. le comte de Casabianca a dû éprouver un sentiment intime de satisfaction. Ce vieillard chargé d'ans et d'honneurs rendait un dernier hommage au souverain dont il fut le fidèle et dévoué serviteur aux jours de la prospérité comme aux jours de l'infortune ; par le simple exposé des faits, il vengeait sa mémoire. Il retraçait une partie de son œuvre qu'il faudra bien étudier, quand viendra l'heure de l'histoire, et nous doutons que, dans leur sévère impartialité, les conclusions de l'histoire s'éloignent beaucoup de celles de M. de Casabianca.